KAMPENWAND
VERLAG

ISBN: 978-3947738618

© 2020 Kampenwand Verlag
Raiffeisenstr. 4 · D-83377 Vachendorf
www.kampenwand-verlag.de

Versand & Vertrieb durch Nova MD GmbH
www.novamd.de · bestellung@novamd.de · +49 (0) 861 166 17 27

Text & Illustration: Nina Gutmann
Lektorat: Textwerkstatt Anne Paulsen
Druck: FINIDR, s.r.o. - Lípová 1965 . 737 01 Český Těšín . Česká republika

Liebe im Bauch

Nina Gutmann

für Valentin

Wenn ein Tag so wunderschön beginnt,
ist alles drin.
Mein Bauch ist voller Liebe,
weil ich so glücklich bin.

Wenn Papa mich dann so lang drückt,
spüre ich ganz fest,
wie sich mein Bauch mit Liebe füllt,
bis zum letzten Rest.

Mit so viel Liebe spielt es sich
dann ganz besonders gut.
Mit so viel Liebe hat man auch
den allermeisten Mut.

Doch manchmal weiß ich nicht so recht,
was dann mit mir geschieht.
Ich werde wütend, werde laut,
bis jeder vor mir flieht.

Auf einmal ist die Wut so groß,
ich weiß nicht, was ich tu.
Dann bin ich wild und hau um mich,
lass niemanden in Ruh.

Ojemine, das wollt ich nicht,
denk ich mir gleich danach.
Kann ich dich trösten? Hilft dir das,
wenn ich's wiedergutmach?

Und wenn dann auch noch jemand schimpft,
dann geht's mir richtig schlecht.
Die Liebe fällt aus meinem Bauch,
doch bräucht ich sie grad jetzt.

Doch wenn dann jemand zu mir fliegt
und so lieb zu mir spricht,
dann ist auch in der schlimmsten Zeit
die Liebe wieder in Sicht.

Es fällt mir manchmal richtig schwer
sehr vorsichtig zu sein.
Warum hab ich es nicht geschafft?
Das denk ich dann im Nachhinein.

Doch was bestimmt nicht jeder weiß,
für mich ist's jedes Mal sehr schlimm.
Weil ich's versucht hab und ich übe
... hat das einen Sinn?

Ja sicher doch, das schaffst du schon,
du wirst es bald schon sehn.
Wir werden nun auch diesen Weg
gemeinsam mit dir gehn.

Gesagt, getan und nach viel Übung
ist es dann geschafft.
Ich berühre auch zerbrechliche Sachen,
behutsam – seht mich an.

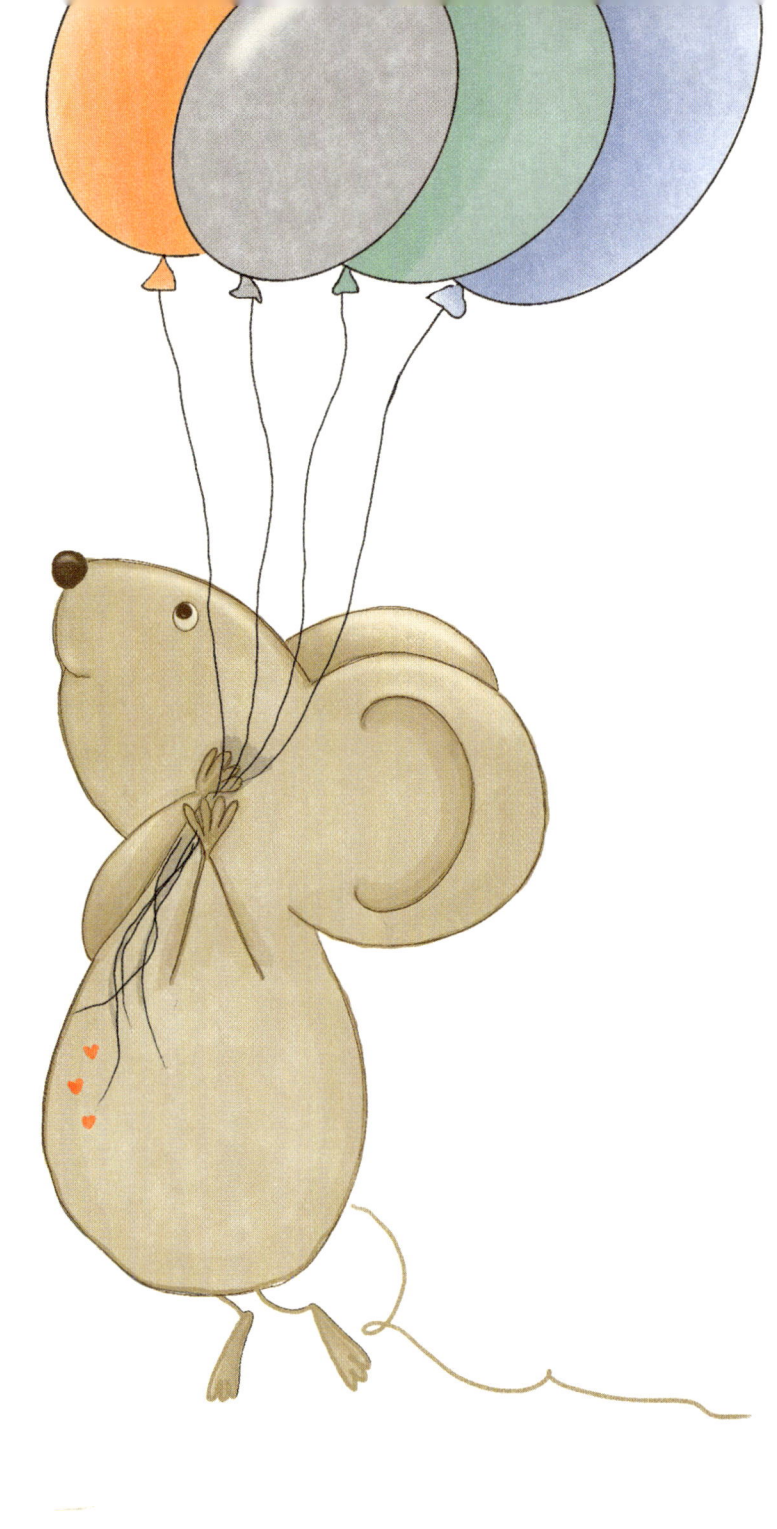

So viele Dinge kann ich nun
und habe ich erreicht.
Die Liebe, die ich wieder hab,
sie gibt mir so viel Kraft.

Beim Spielen, Toben, Kuscheln
und beim Zusammensein,
da kommt ganz viel Liebe
in unsre Bäuche rein.

Und bald darauf kommt Mama
und holt mich wieder ab.
Ob sie schon darauf wartet,
wie viel Liebe ich für sie hab?

Wie war es denn, wie war dein Tag,
ging es dir auch gut?
Es gab keinen Streit, wir haben gespielt,
sogar auf einem Boot.

Dieser Tag, er hat mir
so viel Spaß eingebracht.
Denke ich so vor mich hin,
und träum von Freunden in der Nacht.

Impulskontrolle

Immer wieder begleite ich in meiner täglichen Arbeit, Kinder, die mit ihrer Impulskontrolle zu kämpfen haben. Mal gelingt es gut, mal weniger. Das ist auch völlig in Ordnung und jede Phase während der kindlichen Entwicklung hat ihre Berechtigung. Hin und wieder kommt es aufgrund äußerer Umstände jedoch dazu, dass Kinder über einen längeren Zeitraum hinweg Probleme haben, ihre Impulse weitgehend kontrollieren und selbst bestimmen zu können. Ein Umzug, ein Geschwisterkind, die Trennung der Eltern – viele, emotional belastende Situationen, verlangen den Kindern viel Kraft und Energie ab. Es liegt an uns Erwachsenen, ihnen die nötige positive Bestärkung, den erforderlichen Rückhalt und die notwendigen Hilfestellungen zu geben, um auch aus solchen Phasen gestärkt wieder herausfinden zu können.

Hat dir das Buch gefallen?

Ich freue mich sehr, dass du mein Buch bis zu dieser Stelle gelesen hast. Wenn es dir gefallen hat, würde ich mich sehr freuen, wenn du ihm bei dem Online-Shop eine Bewertung gibst, bei dem du bestellt hast. Oder du schreibst bei einem deiner Lieblings-Buchportale eine Rezension.

Ich freue mich nicht nur sehr darüber, Meinungen zu meinem Buch zu lesen, es hilft mir auch dabei, weitere Geschichten zu schreiben und neue Leser für meine Bücher zu finden.

Vielen Dank für deine Unterstützung!

KAMPENWAND
VERLAG